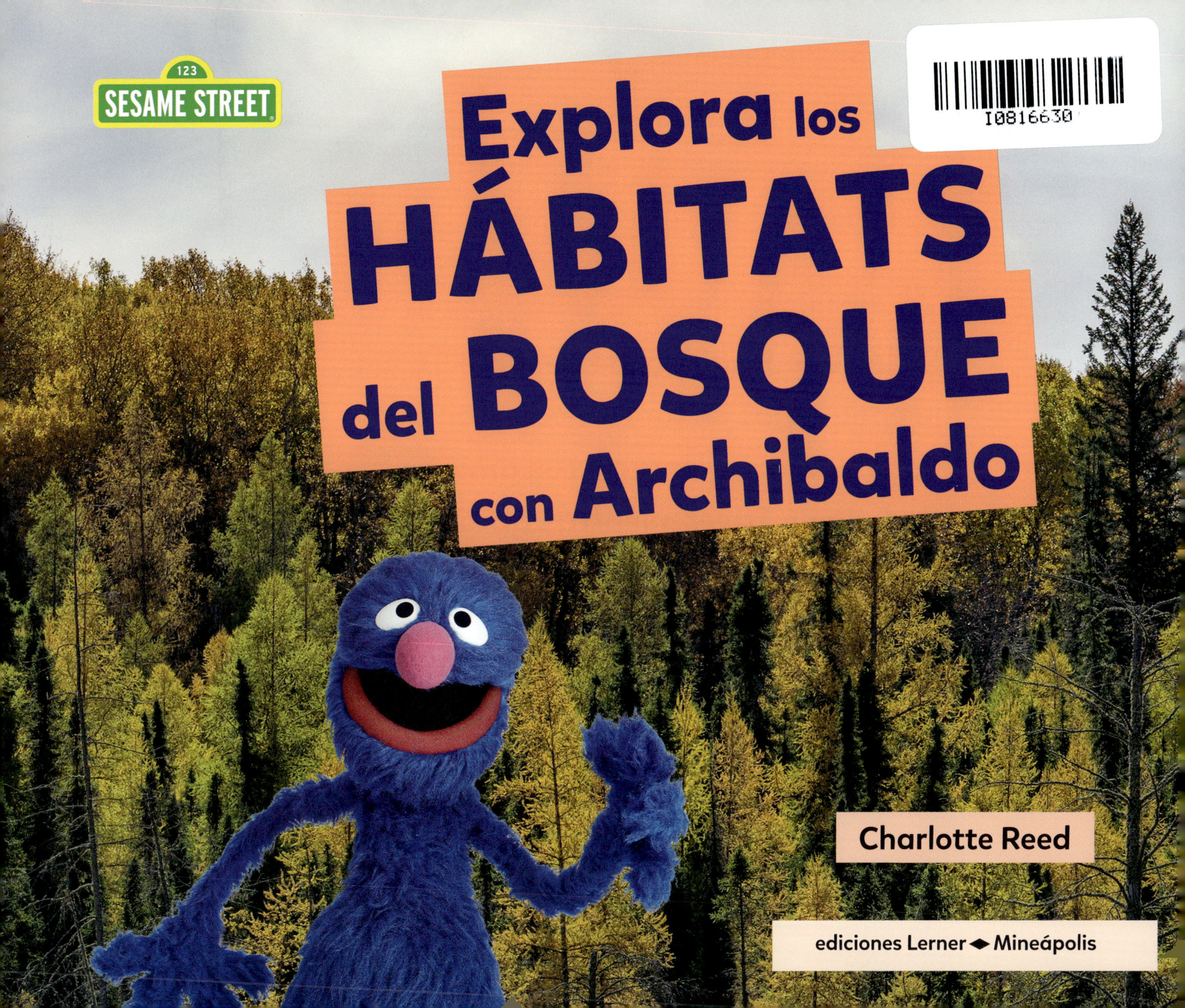

Explora los HÁBITATS del BOSQUE con Archibaldo

Charlotte Reed

ediciones Lerner ◆ Mineápolis

¡Hay muchos hábitats que explorar!

En la serie Hábitats de Sesame Street®, los pequeños lectores recorrerán ocho hábitats. Únete a tus amigos de *Sesame Street* mientras aprenden sobre estos diferentes hábitats en los que los animales viven, duermen y encuentran agua y comida.

Saludos.
Los editores de Sesame Workshop

Contenido

¿QUÉ ES UN HÁBITAT?

¡Exploremos los hábitats! Un hábitat es un lugar en el que los animales viven y pueden encontrar agua, comida y un lugar para dormir. Un bosque es un tipo de hábitat.

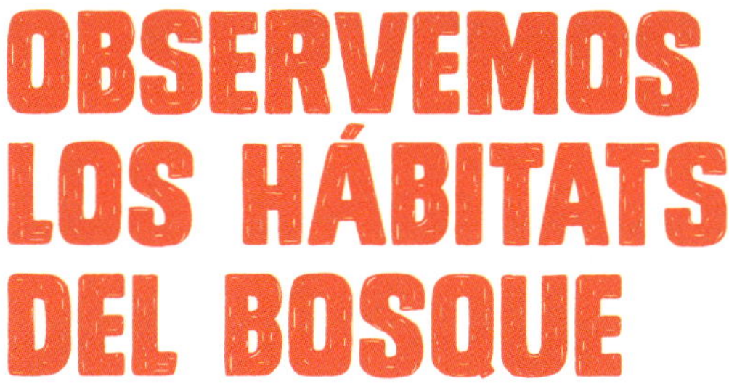

OBSERVEMOS LOS HÁBITATS DEL BOSQUE

Hay diferentes tipos de hábitats del bosque. ¡Aprendamos sobre los bosques templados, tropicales y boreales!

Los bosques templados tienen las cuatro estaciones: primavera, verano, otoño e invierno. Durante el invierno, algunos árboles pierden las hojas.

Durante la primavera y el verano, los ciervos comen las hojas verdes y las frutas de los árboles. Durante el otoño y el invierno, los ciervos comen ramitas y ramas más grandes.

¡A mí también encantarme la fruta!

Las ardillas listadas recogen nueces, bellotas y frutos del bosque, que guardan en sus madrigueras para comerlos durante el invierno.

Los bosques tropicales son cálidos la mayor parte del año y llueve mucho allí. Las ceibas crecen allí y pueden llegar a grandes alturas.

Los gibones viven en los bosques tropicales. Se balancean para ir de una rama a otra buscando comida.

Los gibones tienen brazos fuertes para trepar a los árboles.

Los osos malayos también viven en los bosques tropicales. Tienen un pelaje corto que los ayuda a mantenerse frescos en el clima más cálido.

Los bosques boreales son fríos la mayor parte del año y nieva mucho. Sus árboles mantienen las hojas todo el año. Los alces viven en los bosques boreales.

Las pezuñas de los alces son como las raquetas para la nieve; les ayudan a caminar en la nieve.

Los linces también viven en los bosques boreales y tienen patas largas que les permiten caminar por la nieve profunda.

¡Yo uso mis botas cuando camino en la nieve!

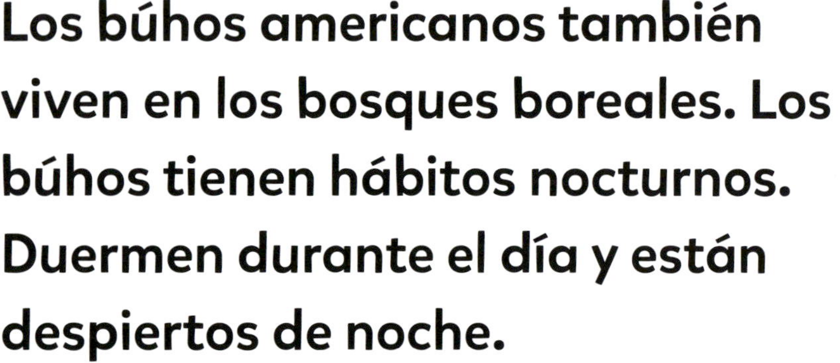

Los búhos americanos también viven en los bosques boreales. Los búhos tienen hábitos nocturnos. Duermen durante el día y están despiertos de noche.

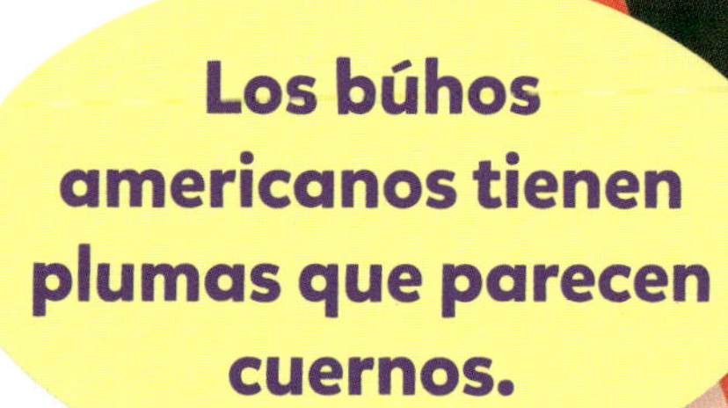

Los bosques templados, tropicales y boreales albergan muchos animales y plantas.

¿PUEDES ADIVINAR?

1. ¿Cuál de estas imágenes es de un hábitat del bosque?

2. ¿Cuál de estos animales vive en un hábitat del bosque?

Glosario

estaciones: periodos de un año, como la primavera, verano, otoño o invierno

hábitos nocturnos: cuando un animal duerme durante el día y está activo de noche

ramitas: ramas pequeñas de un árbol o arbusto

recoger: juntar cosas de diferentes lugares y reunirlas

¿Puedes adivinar? Respuestas

1. A
2. A

Otros títulos

Carney, Elizabeth. *Forest Babies*. Washington, DC: National Geographic Kids, 2023.

Neuenfeldt, Elizabeth. *Forest Animals*. Mineápolis: Bellwether Media, 2023.

Reed, Charlotte. *Explora los hábitats de la selva tropical con Abby*. Mineápolis: ediciones Lerner, 2026.

Créditos por las fotografías

Imágenes usadas: K. D. Kirchmeier/Getty Images, p. 1; Perry van Munster/Alamy, p. 5; bogdanhoria/Getty Images, p. 6; Andrey Danilovich/Getty Images, p. 7; OljaSimovic/Getty Images (derecha), p. 7; Espair/Getty Images, p. 8; kato08/Getty Images, p. 9; JMrocek/Getty Images, p. 10; Nekan/Getty Images, p. 13; Teo Tarras/Shutterstock, p. 14; Riki Rahmansyah/Getty Images, p. 17; sirichai_raksue/Getty Images (reverso), p. 18; Bkamprath/Getty Images (izquierda), p. 20; Arman Fazlic/Getty Images (reverso), p. 20; rpbirdman/Getty Images, p. 22; cindylindowphotography/Shutterstock, p. 24; Mark Newman/Getty Images, p. 25; Karel Bock/Shutterstock (izquierda), p. 26; GUDKOV ANDREY/Shutterstock (reverso), p. 26; Wirestock/Getty Images, p. 27; laughingmango/Getty Images (izquierda), p. 28; joseh51camera/Getty Images (derecha), p. 28; Sergey Uryadnikov/Shutterstock (izquierda), p. 29; Stuart Westmorland/Getty Images (derecha), p. 29.
Portada: Wild-Places/Getty Images; bgsmith/Getty Images; Ukususha/Getty Images; GUDKOV ANDREY/Shutterstock; Ondrej Prosicky/Shutterstock.

Índice

Dedicado a mi padre, cuya valentía y sus relatos sobre gorilas inspiraron mi amor por la aventura

ediciones Lerner
Una división de Lerner Publishing Group, Inc.
241 First Avenue North
Mineápolis, MN 55401, EE. UU.

Si desea averiguar acerca de niveles de lectura y para obtener más información, favor consultar este título en www.lernerbooks.com.

Fuente del texto del cuerpo principal: Mikado 24/41. Fuente proporcionada por HVD.

Library of Congress Cataloging-in-Publication Data

Names: Reed, Charlotte, 1997–author | Zab Translation Solutions translator
Title: Explora los hábitats del bosque con Archibaldo / Charlotte Reed ; [la traducción al español fue realizada por Zab Translation].
Other titles: Explore forest habitats with Grover. Spanish
Description: Mineápolis : ediciones Lerner, [2026] | Series: Hábitats de Sesame Street | Includes bibliographical references and index. | Audience: Ages 4–8 | Audience: Grades K–1 | Summary: “Head into the forest with Grover and the rest of the friends from Sesame Street. Young readers will learn more about the different types of forests and the animals that live in them. Now in Spanish!”— Provided by publisher.
Identifiers: LCCN 2025015865 (print) | LCCN 2025015866 (ebook) | ISBN 9798765690284 library binding | ISBN 9798348028305 paperback | ISBN 9798765692486 epub
Subjects: LCSH: Forest animals—Habitations—Juvenile literature | Forest ecology—Juvenile literature
Classification: LCC QL112 .R44418 2026 (print) | LCC QL112 (ebook) | DDC 591.73—dc23/eng/20250805

Fabricado en los Estados Unidos de América
1-1012592-54899-5/22/2025